Oasen

Mitwirkende:

1. Prüfer
2. Prüfer
Prüfling

Schauplatz: In einem Prüfungszimmer.

1. Prüfer:
Guten Morgen, mein Lieber! Schön, dass Sie pünktlich sind. Dann kann unsere Prüfung gleich beginnen.

2. Prüfer:
Wie fühlen Sie sich denn?

Prüfling:
Nicht so gut.

1. Prüfer:
Nicht so gut? Aber, aber, mein Lieber ... Sie sind doch wohl nicht krank?

Prüfling:
Krank gerade nicht, aber ... mein Kopf ... mein Kopf ...

2. Prüfer:
Was ist mit Ihrem Kopf?

Prüfling:
Mein Kopf gleicht einer Wüste.

1. Prüfer:
Einer Wüste? Nun machen Sie keine Sachen!

2. Prüfer:
In der Wüste in Ihrem Kopf wird es doch ein paar Oasen geben!

Prüfling:
Das schon.

1. Prüfer:
Na, sehen Sie!

Prüfling:
Aber ob die Kamele den Weg dahin finden?

Persen® Bergedorfer®
Best.-Nr. 2196

Höflichkeit

Mitwirkende:

Lehrer
Kai
Schulklasse

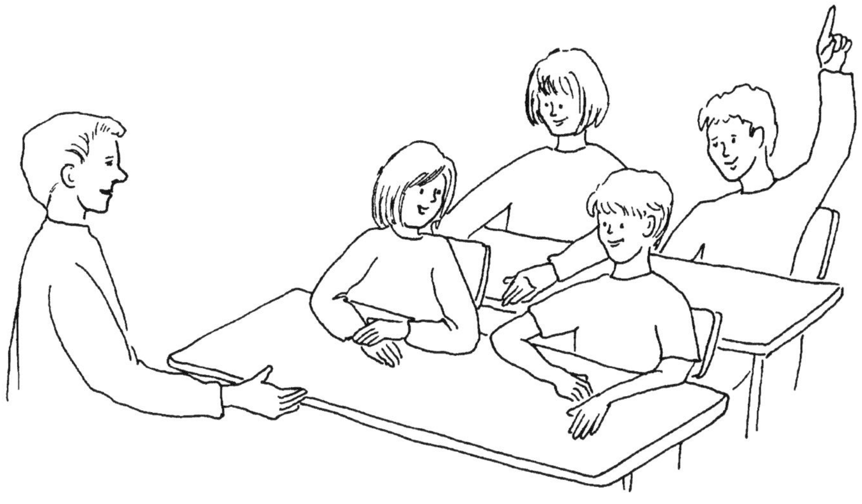

Schauplatz: Im Klassenraum.

Lehrer:
Ich nenne jetzt jedem einen Satz, in dem etwas falsch ist. Eure Aufgabe ist es den Fehler zu finden und den Satz zu korrigieren.
Der erste Satz geht an Kai: „Der Ochse und die Kuh grast auf der Weide."

Kai:
Wie bitte?

Lehrer:
„Der Ochse und die Kuh grast auf der Weide." Was ist an diesem Satz nicht richtig?

Kai:
Ich weiß es nicht. Ist an dem Satz wirklich etwas falsch?

Lehrer:
Ja, Kai.

Kai:
Also ich weiß wirklich nicht ...

Lehrer:
Dann geht die Frage an die anderen.

Klassenkameraden
(melden sich.)

Kai:
Halt, ich weiß es jetzt!

Lehrer:
Na, was ist an dem Satz falsch?

Kai:
Es muss heißen: „Die Kuh und der Ochse grast auf der Weide." Die Damen kommen immer zuerst.

Gefährliche Küsse

Mitwirkende: Lehrerin, Schülerin, Schüler, (Schulklasse).
Schauplatz: Im Klassenzimmer.

Lehrerin:
Tierliebe ist eine schöne Sache. Aber sie darf nicht zu weit gehen.
Schüler:
Wann geht Tierliebe denn zu weit?
Lehrerin:
Na, wenn jemand seinen Hund mit in die Badewanne nimmt oder seine Katze küsst.
Schülerin:
O ja, das weiß ich. Bei meiner Tante und ihrem Papagei war das auch so.
Lehrerin:
Was war denn da?
Schülerin:
Meine Tante hat den Papagei auch immer geküsst.
Lehrerin:
Entsetzlich! Was ist denn da passiert?
Schülerin:
Naja, wie Sie gesagt haben:
„Tierliebe geht zu weit!“
Der Papagei ist bald danach
gestorben.

Blasinstrument

Mitwirkende: Lehrer, Andrea, Torsten, (Schulklasse).
Schauplatz: Im Klassenzimmer.

Lehrer:
Wir haben heute einige Musikinstrumente kennen gelernt.
Torsten, lies sie noch einmal vor!
Torsten:
Flöte, Oboe, Tuba, Klarinette, Trompete.
Lehrer:
Andrea, wie wird denn Trompete
geschrieben?
Andrea:
Ich glaube, Trompete wird überhaupt nicht
geschrieben, Herr Wagner.
Trompete wird geblasen.

Persen® Bergedorfer®
Best.-Nr. 2196

Hitze und Kälte

Mitwirkende:

Lehrerin
Schülerin
Schüler
(Schulklasse)

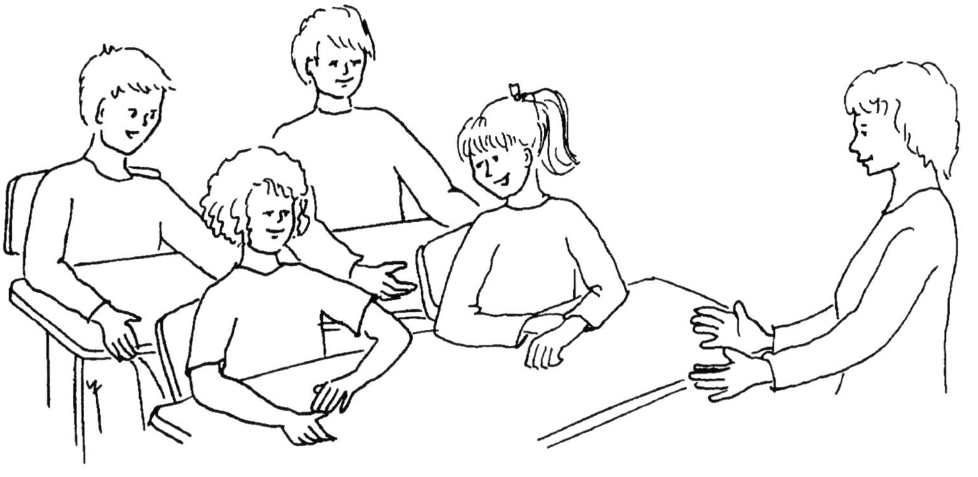

Schauplatz: Im Klassenzimmer.

Lehrerin:
Wer kann noch einmal zusammenfassen, was wir in der letzten Physikstunde besprochen haben?

Schüler:
(meldet sich.) Wir haben gelernt, dass sich bei Hitze alles ausdehnt.

Schülerin:
(meldet sich.) Und bei Kälte zieht sich alles zusammen.

Lehrerin:
Kann jemand das an einem Beispiel erklären? *(Sie schaut herum.)* Möchte niemand etwas sagen?

Schüler:
Ich weiß nicht so recht.

Lehrerin:
Sag es doch ruhig!

Schüler:
Ich meine, das kann man an den Ferien sehen. Im Sommer, bei Hitze, da sind sie lang; im Winter, bei Kälte, da sind sie kürzer.

Weltuntergang

Mitwirkende:

Lehrer
Schülerin
Schüler

Schauplatz: Im Klassenraum.

Lehrer:
Im Mittelalter haben sich die Menschen den Weltuntergang ganz grauenhaft vorgestellt. Es soll schreckliche Stürme geben.

Schülerin:
Schreckliche Stürme?

Lehrer:
Und Hagelkörner sollen die Dächer durchschlagen.

Schüler:
Furchtbar!

Lehrer:
Es soll donnern und blitzen.

Schülerin:
Grässlich!

Lehrer:
Es hört überhaupt nicht auf zu regnen.

Schüler:
Entsetzlich!

Lehrer:
Die Flüsse werden über die Ufer treten.

Schülerin:
Aber bei so einem Sauwetter müssen wir doch nicht in die Schule kommen, oder?

Fliegende Fische

Mitwirkende:

Harro
Benny

Schauplatz: Auf dem Schulhof.

Benny:
Vorhin hatten wir Biologie. Du, der Mayer hat uns weismachen wollen, dass es fliegende Fische gibt.

Harro:
Aber Fische haben doch keine Flügel.

Benny:
Eben. Wie sollen die denn da fliegen können?

Harro:
Der Mayer hat das wirklich gesagt?

Benny:
Ehrenwort!

Harro:
Na ja! Wenn man es sich so überlegt.

Benny:
Was?

Harro:
Bei der Gewässerverschmutzung heutzutage, da bleibt den Fischen vielleicht gar nichts anderes übrig, als zu fliegen.

Persen® Bergedorfer®
Best.-Nr. 2196

Mitwirkende:

Mutter
Peter

Schauplatz: An der Wohnungstür.

Peter
(läutet.)

Mutter:
(öffnet.) Wo kommst du denn jetzt erst her? Ich habe mir solche Sorgen um dich gemacht. Du bist über eine Stunde zu spät aus der Schule gekommen.

Peter:
Ich konnte doch nicht anders, Mutti!

Mutter:
Du konntest nicht anders?

Peter:
Unser Lehrer hat ein Zweieurostück verloren.

Mutter:
Aber das geht dich doch nichts an.

Peter:
Doch Mutti!

Mutter:
Unsinn!

Peter:
Ich hatte schnell den Fuß draufgestellt. Und da musste ich doch warten, bis alle anderen gegangen waren.

Persen® Bergedorfer®
Best.-Nr. 2196

Schellfisch

Mitwirkende:

Marktfrau
Kundin

Schauplatz: Auf dem Fischmarkt.

Marktfrau:
Schellfisch und Butt! Schellfisch und Butt! Schellfisch und Butt!

Kundin:
Das trifft sich gut. Ich hätte gerne ein Kilo Schellfisch.

Marktfrau:
Da kann ich Ihnen nicht mehr mit dienen.

Kundin:
(erstaunt) Warum nicht?

Marktfrau:
Schellfisch ist heute bereits ausverkauft.

Kundin:
(ärgerlich) Aber Sie haben doch „Schellfisch und Butt" gerufen.

Marktfrau:
Das schon! Trotzdem ist Schellfisch heute schon alle.

Kundin:
Dann verstehe ich nicht, wie Sie trotzdem „Schellfisch und Butt" rufen können.

Marktfrau:
Na, soll ich vielleicht den ganzen Tag „Butt, Butt, Butt, Butt, Butt" rufen?

Gastspiel

Mitwirkende:

Verkäufer
Kunde

Schauplatz: Im Tante-Emma-Laden.

Kunde:
(betritt das Geschäft.) Entschuldigen Sie, ich bin fremd hier. Das hier ist doch das einzige Lebensmittelgeschäft in diesem Ort?

Verkäufer:
Ja, hier gibt es nur diesen einen Lebensmittelladen.

Kunde:
Dann möchte ich gerne alle faulen Tomaten und sämtliche Eier kaufen, die Sie haben.

Verkäufer:
(lächelt.) Ah, ich verstehe. Da wollen Sie bestimmt heute Abend in die Festhalle gehen.

Kunde:
Ja, genau das will ich.

Verkäufer:
Und sicher wollen Sie auch diesen neuen Schauspieler sehen.

Kunde:
Naja, das nicht gerade.

Verkäufer:
Aber warum wollen Sie dann die faulen Tomaten und die Eier kaufen, wenn Sie den neuen Schauspieler gar nicht sehen wollen?

Kunde:
Das kann ich Ihnen erklären.

Verkäufer:
Bitte, tun Sie es.

Kunde:
Ich bin der neue Schauspieler.

Persen® Bergedorfer®
Best.-Nr. 2196

Reklamation

Mitwirkende:

Floristin
Kunde

Schauplatz: Im Blumengeschäft.

Kunde:
Ich möchte gerne eine ganz besondere Pflanze haben.

Floristin:
Eine ganz besondere Pflanze? Also, da kann ich Ihnen diesen Kaktus empfehlen.

Kunde:
Der sieht aber gar nicht aus, als ob er etwas Besonderes wäre.

Floristin:
Er ist sehr selten und schon fast tausend Jahre alt.

Kunde:
Donnerwetter! Das sieht man ihm aber nicht an.

Floristin:
Er blüht nur einmal alle zweihundert Jahre.

Kunde:
Dann ist das genau die besondere Pflanze, die ich suche.

Floristin:
Sie möchten den Kaktus also haben?

Kunde:
Ja. Aber wenn er in den nächsten zweihundert Jahren nicht blüht, dann bringe ich ihn wieder zurück.

Persen® Bergedorfer®
Best.-Nr. 2196

Im Fischgeschäft

Mitwirkende:

Fischverkäuferin
Angler

Schauplatz: Im Fischgeschäft.

Angler:
(betritt mit Angelausrüstung den Laden.) Guten Morgen!

Fischverkäuferin:
Guten Morgen. Haben Sie einen guten Fang gemacht und wollen ihn uns verkaufen?

Angler:
Nein, leider nicht. Ich bin hier, um einen Fisch zu holen.

Fischverkäuferin:
Naja, Fische gibt es bei uns genug.

Angler:
Da haben Sie recht. Hier diesen Karpfen, den würde ich gerne mitnehmen.

Fischverkäuferin:
Soll ich ihn also einpacken?

Angler:
Nein. Werfen Sie ihn mir bitte zu!

Fischverkäuferin:
Zuwerfen? Ich verstehe nicht.

Angler:
Bitte tun Sie, was ich sage!

Fischverkäuferin:
Also ... ich weiß nicht ... na gut. *(Sie wirft den Fisch über den Ladentisch und der Angler fängt ihn auf.)*

Angler:
Vielen Dank! Jetzt können Sie ihn wiegen und einpacken. *(Er reicht den Fisch über den Tresen.)*

Fischverkäuferin:
Ich verstehe immer noch nicht ...

Angler:
Ich habe jetzt fünf Stunden lang erfolglos am See geangelt.
Wenn ich ohne Fisch nach Hause komme, lachen meine Kinder über mich.
Aber nun kann ich den Karpfen zu Hause vorzeigen und ganz ehrlich sagen, ich hätte ihn gefangen.

Rauch

Mitwirkende:

Karl
Otto

Schauplatz: Auf einem Feld stehen zwei Landwirte.

Karl:
Schönen guten Morgen, Otto!

Otto:
Guten Morgen, Karl!

Karl:
Du, ich muss dich mal was fragen.

Otto:
Was hast du denn auf dem Herzen?

Karl:
Sag mal, rauchen deine Kühe eigentlich?

Otto:
Was willst du wissen? Ob meine Kühe rauchen? Was soll denn der Quatsch?

Karl:
Bitte antworte mir! Rauchen deine Kühe?

Otto:
Selbstverständlich rauchen sie nicht.

Karl:
Dann gibt es dafür nur eine Erklärung: *(Er zeigt in eine Richtung.)* Dein Kuhstall da drüben brennt!

Persen ® Bergedorfer®
Best.-Nr. 2196

Bahnwärter

Mitwirkende:

Bauer
Vermessungs-
ingenieur

Schauplatz: Vor der Scheune.

Vermessungsingenieur:
Sie wissen doch, dass hier demnächst eine Bahnlinie gebaut werden soll.

Bauer:
Freilich weiß ich das.

Vermessungsingenieur:
Die Schienen führen genau durch Ihre Scheune.

Bauer:
Genau durch meine Scheune?

Vermessungsingenieur:
Das ging nicht anders zu machen. Sie werden natürlich entsprechend entschädigt.

Bauer:
Das will ich hoffen. Aber eins will ich Ihnen gleich sagen.

Vermessungsingenieur:
Was denn?

Bauer:
Glauben Sie bloß nicht, dass ich dann jedesmal, wenn ein Zug kommt, die Scheunentore auf- und zumache!

Unreif

Mitwirkende:

Großvater
Enkelin

Schauplatz: Großvater und Enkelin stehen am Waldrand.

Enkelin:
Opa, sag mal, sind das hier Brombeeren an den Ästen?

Großvater:
Das sind keine Äste, Kind. Das sind Ranken. Richtige Brombeerranken.

Enkelin:
Aber Opa, das können doch keine Brombeeren sein.

Großvater:
Warum denn nicht?

Enkelin:
Brombeeren sind doch ganz schwarz.

Großvater:
Ja, das stimmt.

Enkelin:
Siehst du? Dann können das hier keine Brombeeren sein.

Großvater:
Warum können das keine Brombeeren sein? Das sind Brombeeren.

Enkelin:
Aber die sind nicht schwarz, die sind doch rot!

Großvater:
Das ist doch ganz einfach; die Brombeeren sind rot, weil sie noch grün sind.
Und so lange du noch rot wirst, bist du auch noch grün.

Hasenjagd

Mitwirkende:

Onkel
Neffe
vier Hasen

Schauplatz: Am Waldrand.

Neffe:
Onkel, vielen Dank, dass du mich mit auf die Jagd genommen hast.

Onkel:
Na, du sollst doch auch einmal ein guter Jäger werden. Da ist es ganz richtig, wenn du schon zeitig mit hinausgehst.

Neffe:
Aber mein Vater sagt immer, dass ich erst einmal gut lernen muss. Wenn ich älter bin, kann ich immer noch genug auf die Jagd gehen.

Onkel:
Das sieht deinem Vater ähnlich! Du armer Junge musst viel lernen. Was lernst du in der Schule denn am liebsten?

Neffe:
Am allerliebsten habe ich Latein.

Onkel:
Alle Achtung! Weißt du, was „Wald" auf lateinisch heißt?

Neffe:
Klar. „Wald" heißt „silva".

Onkel:
Du bist wirklich klug. Aber jetzt wollen wir nicht mehr reden. Wir wollen uns auf die Lauer legen und warten, ob im Feld hier ein paar Hasen auftauchen.

Neffe:
Ich schaue dort drüben und du schaust hier, Onkel. Einverstanden?

Onkel:
Gut so! Aber denk daran: Nicht sprechen!

Neffe:
Nein. *(Einen Augenblick später kommen vier Hasen auf die Bühne gehoppelt. Der Neffe ruft laut.)* Avuncule, ecce multi lepi!

Hasen
(verschwinden auf der Stelle.)

Onkel:
(zornig) Sag mal, habe ich dir nicht gesagt, dass du nicht reden sollst? Jetzt hast du die Hasen vertrieben! Alle sind weg.

Neffe:
Ich habe dir doch nur auf lateinisch gesagt, dass da viele Hasen sind. Ich konnte doch nicht ahnen, dass die Hasen Latein verstehen.

Denkmal

Mitwirkende:

Dirk
Benjamin

Schauplatz: Auf einer Parkbank.

Dirk:
Sag mal, da drüben, dieser Mann aus Stein, *(Er zeigt in eine Richtung.)* kennst du den?

Benjamin:
Du meinst den Kerl da auf dem Denkmal?

Dirk:
Ja, genau den.

Benjamin:
Den kenne ich nicht. Der ist ja bestimmt auch schon lange tot.

Dirk:
Ich wüsste trotzdem gerne mal, was das für ein Typ gewesen ist.

Benjamin:
Also, ich habe wirklich keine Ahnung.

Dirk:
Schade. Wirklich!

Benjamin:
Du, ich habe da eine Idee.

Dirk:
Welche denn?

Benjamin:
Wir nehmen einen dicken Stein und schlagen dem Kerl die Nase ab. Wetten, dass dann morgen in der Zeitung steht, wie er heißt?

Durst

Mitwirkende:

Alexander
Ralf

Schauplatz: Am Kiosk.

Ralf:
Mann, habe ich einen Durst!

Alexander:
Mir geht es genauso. Eine Limonade wäre genau das richtige.

Ralf:
Das stimmt. Aber mein Geld reicht nicht mehr.

Alexander:
Meins auch nicht.

Ralf:
Dann lass uns doch zusammenlegen.

Alexander:
Das ist eine gute Idee. *(Beide suchen in den Hosentaschen, holen ein paar Münzen heraus, halten die Handteller nebeneinander und schauen das Geld an.)*

Ralf:
Das reicht für eine Limo. Holst du eine? Aber vergiss den Strohhalm nicht!

Alexander:
(geht und kommt kurz darauf mit einem Glas Limonade zurück.) Hier, trink du zuerst! Trink die Hälfte aus!

Ralf
(trinkt in schnellen Zügen das Glas leer.)

Alexander:
Sag mal, was fällt dir ein? Du hast ja meine Hälfte auch mit ausgetrunken!

Ralf:
Naja, weil du älter bist, habe ich gedacht, dir gehört die obere Hälfte und mir die untere. Die habe ich auch ausgetrunken. Aber deine obere Hälfte muss nachgelaufen sein.

Schwimmen verboten

Mitwirkende:

1. Lebensretter
2. Lebensretter
Schwimmer

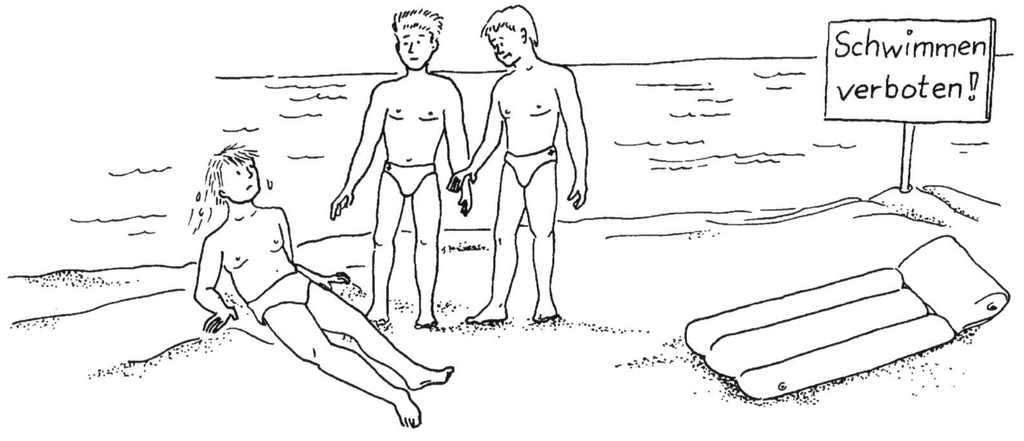

Schauplatz: Am Strand. Seitlich steht ein Schild „Schwimmen verboten!“.

1. Lebensretter:
Ich möchte nur wissen, warum dieser Mann sich mit seiner Luftmatratze so weit auf das offene Wasser hinaustreiben ließ.

2. Lebensretter:
Ich glaube, er kommt wieder zu sich.

1. Lebensretter:
He, sagen Sie mal, wenn Sie nicht schwimmen können, warum lassen Sie sich dann so weit auf das Meer hinaustreiben? Kein Wunder, dass Sie bei den Wellen von Ihrer Luftmatratze heruntergefallen sind.

2. Lebensretter:
Wirklich leichtsinnig ... als Nichtschwimmer!

Schwimmer:
Aber wer sagt denn, dass ich nicht schwimmen kann? Ich bin ein guter Schwimmer!

1. Lebensretter:
Und warum haben Sie sich, bitteschön, überhaupt nicht bewegt, als Sie von Ihrer Luftmatratze heruntergefallen sind?

Schwimmer:
Na, schauen Sie doch mal auf das Schild hier! Da steht doch ganz deutlich „Schwimmen verboten!“.

Statuen

Mitwirkende: Touristin, ihr Sohn, Fremdenführer.
Schauplatz: In einem Museum mit Mamorstatuen.

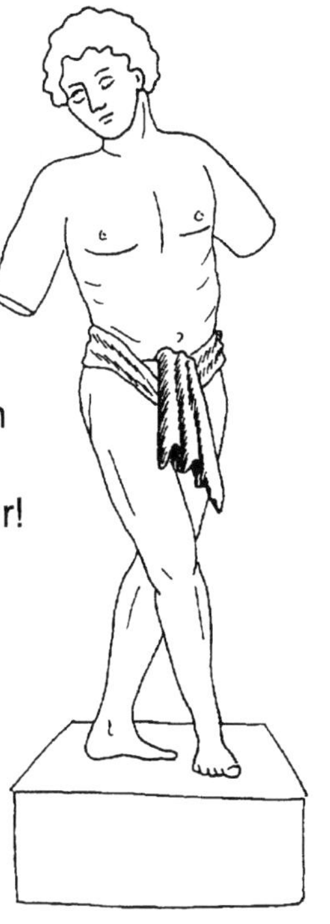

Fremdenführer:
Und nun betreten wir den Raum mit der für unsere Stadt berühmten Sammlung antiker Statuen.

Touristin:
Wie alt sind die denn?

Fremdenführer:
Nun ja, viele sind über zweitausend Jahre alt.

Touristin:
Das verstehe ich nicht. Da hätte man sie aber doch inzwischen ein bisschen renovieren können. Die sind ja in einem erbarmungswürdigen Zustand. Diese Dame hat ja überhaupt keinen Kopf mehr!

Fremdenführer:
Nun ja, *(Er lächelt.)* sie ist sozusagen ganz kopflos.

Sohn:
Mutti, guck mal! Dieser Mann hat ja überhaupt keine Arme mehr.

Touristin:
Da siehst du es, Kai-Uwe! Genauso stehst du auch mal da, wenn du mit dem Nägelkauen nicht aufhörst.

Aussicht

Mitwirkende: Fremdenführer, 1. Tourist, 2. Tourist.
Schauplatz: Auf einem freien Platz.

Fremdenführer:
Wir sind nun am Ende unserer Stadtführung angekommen, meine Damen und Herren. Ich bedanke mich für Ihre Aufmerksamkeit. Ich darf Ihnen nun noch empfehlen dort drüben den Aussichtsturm zu besteigen. Von der oberen Plattform aus können Sie vier Meere sehen.

1. Tourist:
Vier Meere?
Das kann doch gar nicht sein!

Fremdenführer:
Aber selbstverständlich.

2. Tourist:
Ja, aber wo sollen denn hier vier Meere herkommen?

Fremdenführer:
Am frühen Morgen sehen Sie von dort ein Nebelmeer. Am Mittag sehen Sie von dort ein Häusermeer. Abends sehen Sie ein Lichtermeer. Und bei völligem Stromausfall sehen Sie gar nichts mehr.

Bergedorfer®
Best.-Nr. 2196

Nachtquartier

Mitwirkende:

1. Urlauber
2. Urlauber
(beide mit Tropenhelm)
Hotelbesitzer

Schauplatz: Im Urwald.

Hotelbesitzer:
Ich darf Sie in unserem Urwaldhotel ganz herzlich begrüßen. Sie werden sich in den kleinen Baumhäusern ringsum von den Strapazen Ihrer anstrengenden Reise herrlich ausruhen können.

1. Urlauber:
Dort oben in den Häuschen hoch in den Bäumen sollen wir schlafen?

Hotelbesitzer:
Das ist echte Urwaldromantik.

2. Urlauber:
Na, wenn Sie es sagen!

Hotelbesitzer:
Einen kleinen Hinweis möchte ich Ihnen noch geben.

2. Urlauber:
Ja?

Hotelbesitzer:
Sollten Ihnen heute Nacht einige Wanderratten über das Gesicht huschen, machen Sie sich keine Gedanken!

1. Urlauber:
Wanderratten?

Hotelbesitzer:
Das macht gar nichts. In jedem Häuschen befindet sich eine Schlange, die die Ratten sofort auffrisst.

Herrliches Wetter

Mitwirkende:

1. Beduine
2. Beduine

Schauplatz: Vor dem Beduinenzelt.

1. Beduine:
Deutschland ist ein herrliches Land.

2. Beduine:
Gibt es da viele Kamele?

1. Beduine:
Nein, das nicht. Aber ein schöneres Urlaubsland kann ich mir gar nicht denken.

2. Beduine:
Warum nicht? Dort leben die Menschen doch nicht in Zelten.

1. Beduine:
Trotzdem ist es dort herrlich.

2. Beduine:
Dann erzähle doch, warum es dort so herrlich ist!

1. Beduine:
Ich bin fünf Wochen dort gewesen, und denke dir, es hat fünf Wochen lang jeden Tag wundervoll geregnet!

Persen® Bergedorfer®
Best.-Nr. 2196

Experte

Mitwirkende: Quizmaster *(mit Mikrofon)*, Kandidat.
Schauplatz: Auf der Bühne.

Quizmaster:
Ich freue mich, meine Damen und Herren, Ihnen einen wirklichen Fußballexperten präsentieren zu können. Unser Kandidat wurde von einer Fachjury ausgewählt. Sie sind ein Fußballfan?
Kandidat:
Selbstverständlich. Ich habe schon im Krabbelalter Fußball gespielt.
Quizmaster:
Da sieht man es mal wieder ... früh übt sich ...
Und Sie wissen wirklich alles über Fußball?
Kandidat:
So ist es!
Quizmaster:
Gut. Dann kommt hier unsere erste Frage:
Wie viele Löcher hat das Tornetz?

Schachspiel

Mitwirkende: Vater, Sohn.
Schauplatz: Im Wohnzimmer.

Vater:
Na, mein Junge, was hast du denn heute Nachmittag gemacht?
Sohn:
Ach, ich war bei einem Schulfreund. Der wollte mir heute Schach beibringen.
Vater:
Das finde ich großartig, dass du Schach spielen lernst.
Sohn:
Ja, das habe ich auch gedacht. Aber ...
Vater:
Hat es dir etwa nicht gefallen?
Sohn:
Doch, gefallen schon, aber ...
Vater:
Aber was?
Sohn:
Wie soll ich denn mit ihm Schach spielen,
wenn er mir immer die Figuren wegnimmt?

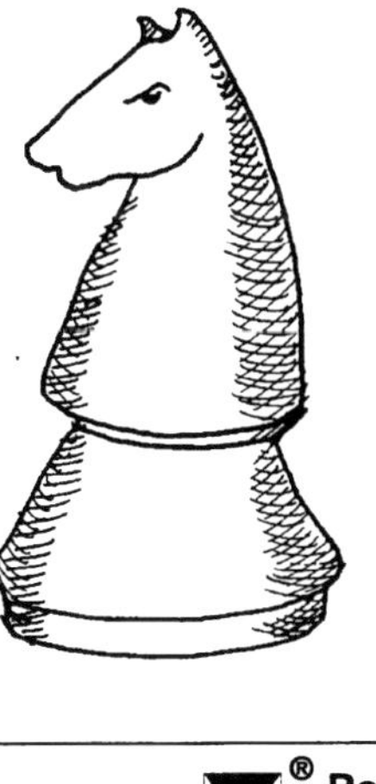

Persen® Bergedorfer®
Best.-Nr. 2196

Pferdekur

Mitwirkende:

1. Reiterin
2. Reiterin

(beide im Reitanzug)

Schauplatz: Vor dem Reitstall.

1. Reiterin:
Sag mal, geht es deinem Pferd wieder besser?

2. Reiterin:
Ja, es ist wieder wohlauf.

1. Reiterin:
Wie hast du das denn hingekriegt?

2. Reiterin:
Der Tierarzt hatte ein braunes Pulver verordnet. Ich sollte es in Zeitungspapier einrollen, die Röhre dem Nico dann ins Maul stecken und ihm das Pulver in den Hals blasen.

1. Reiterin:
Und das hat geholfen?

2. Reiterin:
Dem Pferd geht es ausgezeichnet.

1. Reiterin:
Aber dir scheint es nicht so gut zu gehen. Du siehst nicht gesund aus. Was ist denn los mit dir?

2. Reiterin:
Ach, Nico hat das Pulver zuerst geblasen.

Bergedorfer®
Best.-Nr. 2196

Reitstunde

Mitwirkende:

Mutter
Sohn
(im Reitanzug)

Schauplatz: Vor einem Reitstall.

Mutter:
Hallo, Frederic, da bist du ja wieder.

Sohn:
(zitterig) Ja.

Mutter:
Nun, wie hat dir denn deine erste Reitstunde gefallen?

Sohn:
Gefallen?

Mutter:
Nun sag bloß, es hätte keinen Spaß gemacht.

Sohn:
Spaß? Naja ... Spaß will ich das nicht nennen.

Mutter:
Ja, aber was hast du denn auszusetzen?

Sohn:
Auszusetzen? Auszusetzen habe ich nicht gerade etwas.

Mutter:
Na, was ist denn dann?

Sohn:
Ich hätte nie gedacht, dass ein Tier, das mit Heu gefüllt ist, so hart sein kann.

Bergedorfer®
Best.-Nr. 2196

Aufdringlich

Mitwirkende:

1. Bauarbeiter
2. Bauarbeiter
(beide mit Helm)

Schauplatz: Auf einer Baustelle.

1. Bauarbeiter:
(schlägt wild auf den Boden.) So! Dich habe ich!

2. Bauarbeiter:
Was machst du denn da?

1. Bauarbeiter:
Ach, lass nur!

2. Bauarbeiter:
Sag bloß, du hast die Schnecke da totgeschlagen.

1. Bauarbeiter:
Ja, genau das habe ich getan.

2. Bauarbeiter:
Du bist ein Tierquäler!

1. Bauarbeiter:
Ach Unsinn! Was sollte ich denn machen?

2. Bauarbeiter:
Was hat die Schnecke dir denn getan?

1. Bauarbeiter:
Getan? Getan hat sie mir nichts. Aber dieses aufdringliche Tier verfolgt mich schon den ganzen Tag bei der Arbeit.

Persen® Bergedorfer® Best.-Nr. 2196

Tomaten

Mitwirkende:

Richter
Angeklagter

Schauplatz: Im Gerichtssaal.

Richter:
Angeklagter, ist es wahr, dass Sie mit Gegenständen nach dem Geschädigten geworfen haben?

Angeklagter:
Aber das ist doch lächerlich, Herr Richter. „Gegenstände!" Das waren Tomaten.

Richter:
Wollen Sie damit sagen, dass Sie dem Geschädigten Tomaten an den Kopf geworfen haben?

Angeklagter:
Ja, Herr Richter, das will ich damit sagen.

Richter:
Aber wie erklären Sie dann bitte, dass der Angeklagte Beulen am Kopf hat? Sie wollen doch nicht behaupten, dass man von Tomaten Beulen am Kopf bekommt.

Angeklagter:
Warum denn nicht, Herr Richter? Die Tomaten waren ... *(Er zögert.)*

Richter:
Sprechen Sie weiter!

Angeklagter:
Die Tomaten waren in Dosen, Herr Richter!

Hausbesuch

Mitwirkende:

Herr Fischer
(bettlägeriger älterer Herr)
seine Frau
Arzt

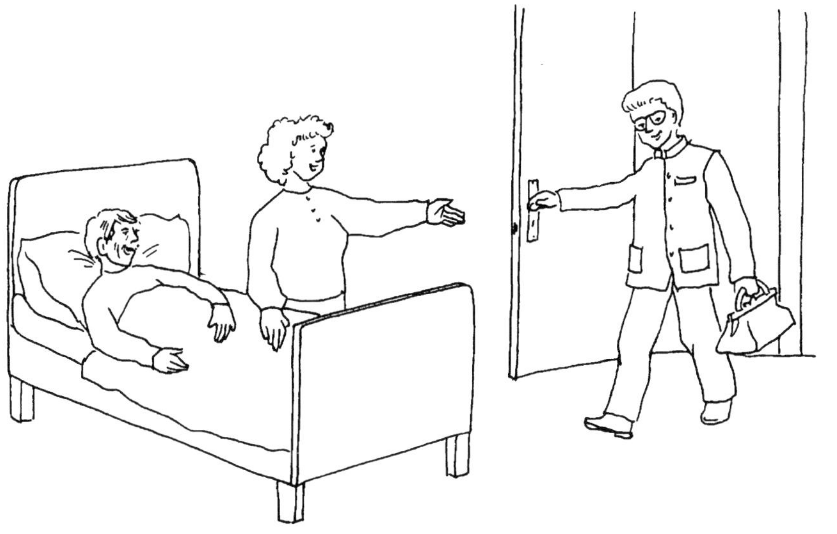

Schauplatz: Im Krankenzimmer.

Arzt:
(tritt ein.) Guten Tag, Herr Fischer. Na, heute sehen Sie schon viel besser aus. Man sieht, dass es Ihnen wieder besser geht. Und was macht das Bein?

Herr Fischer:
Ja, ich fühle mich wirklich wohler.

Arzt:
Sehen Sie, ein paar Blutegel, die helfen besser als alle diese neumodischen Tabletten. Konnten Sie sie gut am Bein ansetzen?

Frau:
Am Bein ansetzen? Aber ... Herr Doktor, mein Mann hat diese Dinger gegessen.

Arzt:
Gegessen?

Herr Fischer:
Der erste hat scheußlich geschmeckt. Den habe ich roh gegessen.

Arzt:
(entsetzt) Roh gegessen?!

Frau:
Die anderen Blutegel habe ich meinem Mann mit einem Zwiebelchen in der Pfanne gebraten. Da konnte er sie ganz prima einnehmen.

Persen ® Bergedorfer ®
Best.-Nr. 2196

Alles vorhanden

Mitwirkende:

Arzt
Patientin

Schauplatz: In der Praxis.

Arzt:
Was kann ich für Sie tun?

Patientin:
Ach, Herr Doktor! Sagen Sie mir, was mir fehlt!

Arzt:
Welche Symptome haben Sie denn?

Patientin:
Symptome? Ich habe dauernd Rückenschmerzen, Nierenziehen, Gallenbeschwerden, Herzschwäche, Magenkrämpfe, Herzstiche.

Arzt:
Du liebe Zeit!

Patientin:
Dazu kommen noch die Ischiasbeschwerden, Armreißen und Schmerzen in den Knien. Ich kann weder liegen noch sitzen noch stehen. Nun sagen Sie mir, Herr Doktor: Was fehlt mir?

Arzt:
So wie ich das sehe, fehlt Ihnen nichts. Sie haben ja schon alles.

Verlust

Mitwirkende:

Zirkusdirektor
Polizeibeamter

Schauplatz: Auf dem Polizeirevier.

Zirkusdirektor:
(betritt aufgeregt die Wache.) Bin ich hier auf der zuständigen Polizeiwache?

Polizeibeamter:
Jawohl, mein Herr. Da sind Sie hier richtig. In unserem kleinen Ort gibt es nur die eine.

Zirkusdirektor:
Ich muss eine Verlustmeldung machen.

Polizeibeamter:
Was haben Sie denn verloren?

Zirkusdirektor:
Verloren nicht gerade. Meine Giraffe ist verschwunden. Wahrscheinlich ist sie heute Nacht ausgerissen oder gar gestohlen worden.

Polizeibeamter:
Interessant.

Zirkusdirektor:
Das ist nicht interessant, das ist furchtbar. Bitte unternehmen Sie etwas!

Polizeibeamter:
(zückt umständlich einen Notizblock.) Ich bin schon dabei.

Zirkusdirektor:
Vielen Dank!

Polizeibeamter:
Wichtigste Frage: Besondere Kennzeichen?

Polizeibericht

Mitwirkende:

1. Polizist
2. Polizist
Betrunkener

Schauplatz: Vor dem Gymnasium liegt ein Betrunkener. Zwei Polizisten kommen dazu.

1. Polizist:
(dreht den schlafenden Betrunkenen um.) He, Kollege, komm doch mal!

2. Polizist:
Was ist denn los?

1. Polizist:
Hier liegt einer. Ich glaube, der ist betrunken.

2. Polizist:
(zu dem Betrunkenen) He, du, steh auf! Na klar, der ist betrunken.
Schon wieder einer. Schreib du schon mal den Bericht! Ich sorge dafür, dass er in die Ausnüchterungszelle kommt.

1. Polizist:
Ja, warte ...

2. Polizist:
Was ist denn?

1. Polizist:
Ich habe da ein Problem. Weißt du, wie man „Gymnasium" schreibt?

2. Polizist:
Nein, weiß ich auch nicht.

1. Polizist:
Aber dann kann ich den Bericht nicht schreiben.

2. Polizist:
Ach was, fass mal eben mit an! Wir tragen den Kerl einfach vor die Post.

Krankenhausreif

Mitwirkende:

Frau Schneider
Herr Walter

Schauplatz: Auf der Straße.

Herr Walter:
Guten Morgen, Frau Schneider!

Frau Schneider:
Guten Morgen, Herr Walter! Gut, dass ich Sie treffe! Können Sie mir sagen, wie es unserem Schornsteinfeger geht? Der wohnt doch bei Ihnen in der Straße.

Herr Walter:
Ich habe keine Ahnung. Was ist denn überhaupt mit ihm passiert?

Frau Schneider:
Ja, wissen Sie das denn nicht? Der ist so schlimm von einem Pferd getreten worden, dass er sofort ins Krankenhaus musste.

Herr Walter:
Wie schrecklich! Aber sagen Sie ... das kann ich gar nicht verstehen ...

Frau Schneider:
Was denn?

Herr Walter:
Ja, aber ... wie kam denn das Pferd aufs Dach?

Eignungstest

Mitwirkende:

Fabrikdirektor
Ehefrau
Dienstmädchen

Schauplatz: An der Haustür.

Dienstmädchen:
(öffnet dem Fabrikdirektor die Tür.) Guten Abend, Herr Fabrikdirektor!

Direktor:
(barsch) Guten Abend!

Ehefrau:
Guten Abend, Schatzi!

Direktor:
'n Abend!

Ehefrau:
Ist dir nicht gut? Ärger in der Fabrik gehabt?

Direktor:
Ärger nicht gerade.

Ehefrau:
Na, was denn?

Direktor:
Ich habe eben mal so aus Jux den Eignungstest für unsere Lehrlinge gemacht.

Ehefrau:
Ja und?

Direktor:
Bin ich froh, dass ich schon Direktor bin!

Bergedorfer® Best.-Nr. 2196

Beim Küchenjungen (1)

Mitwirkende:

Küchenjunge
1. Bruder
2. Bruder
3. Bruder

Schauplatz: In der Küche. Der Küchenjunge schabt Möhren.

1. Bruder:
(kommt mit den beiden anderen Brüdern in die Küche.) Hallo, bist du allein?

Küchenjunge:
Ja. Was wollt ihr von mir? Ihr kommt doch bestimmt nur wieder hierher, um mich zu ärgern.

2. Bruder:
Nein, das nicht. Wir wollen mit dir reden.

3. Bruder:
Gerade deshalb.

Küchenjunge:
Gerade deshalb? Was soll das heißen?

1. Bruder:
Wir wollen uns bei dir entschuldigen.

Küchenjunge:
Ihr wollt euch bei mir entschuldigen? Das kann ich mir nicht vorstellen. Seit Wochen macht ihr euch einen Spaß daraus mich zu ärgern.

2. Bruder:
Das wissen wir. Und das wollen wir jetzt nicht mehr tun.

Küchenjunge:
Ihr habt euch doch immer über mich lustig gemacht. Ihr habt draußen mit eurem Ball gespielt und ich musste hier drinnen für euch das Gemüse putzen und die Kartoffeln schälen.

3. Bruder:
Das war wirklich gemein von uns. Wir werden dir ab sofort keinen Zucker mehr ins Kartoffelwasser streuen.

1. Bruder:
Und wir schmieren auch kein Bohnerwachs mehr auf die Hintertreppe, damit du dann anschließend auf die Nase fällst.

2. Bruder:
Außerdem tun wir auch keinen Senf mehr ins Schlüsselloch.

Küchenjunge:
Bisher hat es euch doch immer Spaß gemacht mich zu ärgern. Warum wollt ihr jetzt damit aufhören?

3. Bruder:
Weil wir gemerkt haben, wie eklig das für dich gewesen sein muss.

Küchenjunge:
(lächelt.) Na ja!

1. Bruder:
Wir versprechen dir, dass wir dich in Zukunft in Ruhe lassen.

Küchenjunge:
Also, ihr wollt mir hier in der Küche niemals mehr absichtlich einen Wassereimer umwerfen?

2. Bruder:
Versprochen!

Küchenjunge:
Und niemals mehr einen Ball durchs Fenster in die Küche werfen?

3. Bruder:
Wir versprechen es.

Küchenjunge:
Und auch keine Maus mehr fangen und hier in der Küche laufen lassen?

1. Bruder:
Das alles und vieles andere werden wir ab sofort nicht mehr tun. Wir versprechen es dir!

Küchenjunge:
Wenn ihr das versprecht, dann verspreche ich euch auch etwas. Dann spucke ich euch auch niemals mehr in die Suppenschüssel, bevor ich sie euch bringe.

Frischer Glanz

Mitwirkende: Frau Grabowski, Frau Krakowski.
Schauplatz: Auf der Straße.

Frau Grabowski:
Guten Morgen, Frau Krakowski! Wie geht es Ihnen? Ich habe Sie lange nicht gesehen.
Frau Krakowski:
Vielen Dank, Frau Grabowski, es geht soweit ganz gut. Und Ihnen?
Frau Grabowski:
Auch gut, Frau Krakowski. Sagen Sie mal, was macht denn Ihre Tochter?
Frau Krakowski:
Meine Tochter? Meine Tochter studiert jetzt, Frau Grabowski.
Frau Grabowski:
Das ist ja interessant, Frau Krakowski.
Was studiert sie denn?
Frau Krakowski:
Sie studiert Politologie, Frau Grabowski!
Frau Grabowski:
Ich verstehe, Frau Krakowski: Politologie.
Deswegen haben Ihre Möbel auch
immer so einen frischen Glanz!

Beim Angeln

Mitwirkende: Frau Arnold, Frau Velten.
Schauplatz: Auf der Straße.

Frau Arnold:
Gestern war ich mit meinem Mann zum Angeln am See. Er wollte doch, dass ich ihn begleite.
Frau Velten:
Hat es Ihnen gefallen?
Frau Arnold:
Ich habe prompt alles falsch gemacht.
Frau Velten:
Warum denn das?
Frau Arnold:
Ich habe zu laut gesprochen,
den falschen Köder genommen,
viel zu früh die Angel eingezogen ...

Frau Velten:
Da haben Sie doch bestimmt auch keinen Erfolg gehabt.
Frau Arnold:
Das will ich nicht sagen. Meine Fische hat das nicht gestört. Ich habe viel mehr gefangen als mein Mann.

Persen® Bergedorfer® Best.-Nr. 2196

Fremdwörter

Mitwirkende:

Frau Müller
Frau Mayer

Schauplatz: Auf der Straße.

Frau Müller:
Guten Abend, Frau Mayer. Wie schön Sie zu treffen.

Frau Mayer:
Ach, Frau Müller! Guten Abend! Das trifft sich gut. Ich wollte Sie sowieso schon anrufen.

Frau Müller:
Sie wollten mich anrufen? Warum denn?

Frau Mayer:
Ich wollte Sie etwas fragen. Mein Mann hat mir erzählt, dass Sie einen Englischkurs besucht haben. Was für Erfahrungen haben Sie denn damit gemacht?

Frau Müller:
Erfahrungen? Nicht die besten!

Frau Mayer:
Nicht die besten? Hat es Ihnen nicht gefallen?

Frau Müller:
Nein, überhaupt nicht. Ich bin dann auch nicht mehr hingegangen.

Frau Mayer:
Ja, was hatten Sie denn daran auszusetzen?

Frau Müller:
Ach wissen Sie, es gab da einfach zu viele Fremdwörter.

Blechschere

Mitwirkende: Frau Zimmermann, Hendrik.
Schauplatz: An der Wohnungstür.

Hendrik
(klingelt.)
Frau Zimmermann:
(öffnet.) Hallo, Hendrik!
Nett, dass du mich mal wieder besuchen kommst.
Hendrik:
Guten Tag, Frau Zimmermann!
Ich habe eine Bitte an Sie.
Frau Zimmermann:
Das ist ja richtig schmeichelhaft für mich.
Was kann ich denn für dich tun?
Hendrik:
Ich brauche dringend eine Schere.
Könnten Sie mir Ihre Schere borgen?
Frau Zimmermann:
Meine Schere? Ja, sicherlich!
Aber hat deine Mutter denn keine Schere für dich?
Hendrik:
Ja, das schon. Aber mit unserer Schere darf ich kein Blech schneiden.

Halb so schlimm

Mitwirkende: 1. Nachbar, 2. Nachbar.
Schauplatz: Am Gartenzaun.

1. Nachbar:
Das ist mir ja so unangenehm, Herr Nachbar. Gestern sind zwei von meinen Küken durch den Gartenzaun geschlüpft und haben Ihre Erbsensamen aufgepickt.
2. Nachbar:
Halb so schlimm! Meine Katze hat Ihre Küken dafür heute früh gefressen.
1. Nachbar:
Wirklich?
2. Nachbar:
Wenn ich es Ihnen doch sage!
1. Nachbar:
Da bin ich aber beruhigt.
Dann ist ja alles in Ordnung.
Ich habe nämlich gerade eben
Ihre Katze überfahren ...

Persen® Bergedorfer®
Best.-Nr. 2196

Staub und Asche

Mitwirkende:

Mutter
Vater
Sohn

Schauplatz: Im Wohnzimmer.

Sohn:
Vati, darf ich dich mal was fragen?

Vater:
Frag nur. Vom Fragen wird man nicht dümmer.

Sohn:
Es stimmt doch, dass Gestorbene wieder zu Staub und Asche werden?

Mutter:
Wie kommst du denn darauf?

Sohn:
Einfach nur so.

Vater:
Das ist richtig. Der Mensch wird wieder zu Staub.

Sohn:
Auch unter meinem Bett?

Mutter:
Was soll das heißen: Auch unter meinem Bett?

Sohn:
Wenn Gestorbene zu Staub werden, dann müssen unter meinem Bett schon viele Leute gestorben sein.

Abnehmen

Mitwirkende:

Großmutter
Großvater

Schauplatz: Im Wohnzimmer. Großmutter und Großvater sitzen auf dem Sofa.

Großmutter:
Also das ist ja unglaublich! Wie dick der wohl gewesen sein mag?

Großvater:
Wer ist dick gewesen?

Großmutter:
Na, der Kurgast!

Großvater:
Was für ein Kurgast?

Großmutter:
Na der, der so abgenommen hat.

Großvater:
Was ist denn nun damit?

Großmutter:
Hör mal, Fritz, was hier in der Zeitung steht! Was die Ärzte doch heutzutage alles zuwege bringen! Da hat doch ein englischer Kurgast hier in unserer Kurstadt dreihundert Pfund abgenommen.

Großvater:
Das ist doch nicht zu glauben! Wie ist denn das gekommen? Ich meine, wie haben die Kurärzte das denn gemacht?

Großmutter:
So genau steht das nicht in der Zeitung. Hier steht nur: „Bei einem Spaziergang im hiesigen Kurpark hat ein englischer Kurgast dreihundert Pfund verloren.“

Persen® Bergedorfer®
Best.-Nr. 2196

Theatervorstellung

Mitwirkende:

Vater
Mutter
Lena

Schauplatz: Im Wohnzimmer. Die Eltern trinken Kaffee.

Lena:
(kommt weinend zur Tür herein.) Hu! Hu!

Mutter:
Lena, Kind, was hast du denn?

Vater:
Hat etwas mit dem Theaterstück in der Schule nicht geklappt?

Lena:
Ich habe mich versprochen!

Mutter:
Aber Kind, du hattest doch nur einen Satz zu sagen.

Lena:
(schluchzt.) Das war es ja. Ich sollte sagen: „Mit diesem Dolch errette ich dich!"

Vater:
Das war doch nicht schwer.

Lena:
Ich war so aufgeregt!

Mutter:
„Mit diesem Dolch errette ich dich" ist wirklich nicht so schwer. Was hast du denn gesagt?

Lena:
Mit diesem Rettich erdolche ich dich!

Persen® Bergedorfer®
Best.-Nr. 2196

Kein Umgang

Mitwirkende: Mutter, Marco.
Schauplatz: Im Wohnzimmer.

Marco:
Wer immer strebend sich bemüht, den können wir erlösen.
Mutter:
(schaut ihren Sohn entgeistert an.) Sag das noch einmal, Marco!
Marco:
Wer immer strebend sich bemüht, den können wir erlösen.
Mutter:
Marco, wo hast du denn diesen verrückten Spruch her?
Marco:
Verrückter Spruch? Mama, das ist von Goethe!
Mutter.
Von Goethe? Soso.
Marco:
Ja, von Goethe.
Mutter:
Also, der ist kein Umgang für dich.
Versprich mir, dass du mit dem nicht wieder spielst!

Statisten

Mitwirkende: Tochter, Mutter.
Schauplatz: In der Küche.

Tochter:
(liest in der Zeitung.) Mutti, am Theater suchen sie S-t-a-t-i-s-t-e-n.
Mutter:
Jaja, Statisten, die brauchen sie manchmal dort.
Tochter:
Was sind denn das für Leute?
Mutter:
Also ... die Statisten sind Leute, die nur rumstehen
und nichts zu sagen haben.
Tochter:
Und solche Leute suchen sie am Theater?
Mutter:
Ja, manchmal.
Tochter:
Da habe ich eine Idee.
Leute, die nur rumstehen und nichts zu sagen haben?
Das wäre doch etwas für unseren Vati!

Das Rezept (1)

Mitwirkende:

Knecht
Bauer
Bäuerin

Schauplatz: In der Bauernstube. Bauer und Bäuerin sitzen am Tisch.

Knecht
(klopft an.)

Bauer:
Herein!

Knecht
(klopft nochmals an.)

Bauer und Bäuerin:
Herein!

Knecht:
(tritt ein.) Guten Abend zusammen!

Bauer:
Ei, guten Abend, mein Lieber! Das wundert mich aber!

Knecht:
Was wundert dich, Bauer?

Bauer:
Na, dass du wieder gesund bist!

Knecht:
Ist es dir nicht recht, Bauer, dass ich wieder gesund bin?

Bauer:
I wo! Wir haben doch Arbeit genug auf unserem Hof!

Bäuerin:
Wie bist du denn so schnell wieder gesund geworden? Hattest du nicht ganz starke Halsschmerzen?

Knecht:
Ja. Die Schmerzen waren ganz schlimm. Beim Schlucken hat es mir arg weh getan.

Bauer:
Und das ist jetzt alles wieder verschwunden? Einfach so?

Knecht:
Nein, Bauer. Du wirst es nicht glauben. Ich bin beim Doktor gewesen.

Bäuerin:
Beim Doktor? Ach, deswegen geht es dir jetzt wieder gut. Aber sag mal, du warst doch noch nie im Leben bei einem Arzt.

Knecht:
Das stimmt. Ich habe auch richtig Angst gehabt. Aber dann war es gar nicht so schlimm.

Bauer:
Hat dir der Arzt eine Arznei verschrieben?

Knecht:
Das weiß ich nicht.

Bäuerin:
Das weißt du nicht?

Knecht:
Also, der Doktor, der hat mir zuerst einmal in den Hals geguckt. Ich musste auch die Zunge rausstrecken. Und dann musste ich „Aaah“ sagen.
(Er macht es mehrmals vor.)

Bauer:
Jaja, so ist das immer, wenn man Halsweh hat. Dann schaut der Doktor einem in die Gurgel.

Knecht:
Und dann, dann hat der Doktor einen weißen Zettel genommen und hat da was draufgeschrieben. Das hat wirklich geholfen. Also unser Doktor ... ich muss schon sagen ... der kann was!

Bäuerin:
Das war ein Rezept.

Knecht:
Jawohl. Genauso hat der Doktor das auch genannt.

Bauer:
Damit solltest du in die Apotheke gehen.

Knecht:
Wer? Ich?

Bauer:
Ja, natürlich. Der Arzt hat dir ein Rezept aufgeschrieben ...

Bäuerin:
... und du solltest dir die Arznei dann in der Apotheke holen.

Knecht:
Nein! Davon hat der Doktor überhaupt nichts gesagt.

Bauer:
Nicht? Ja, aber hast du nicht eben selbst erzählt, dass du jetzt wieder gesund bist ...

Bäuerin:
... und dass unser Doktor dir geholfen hat?

Knecht:
Ich weiß nicht, was das mit der Apotheke zu tun haben soll. Der Doktor hat mir den weißen Zettel ...

Bäuerin:
Das Rezept.

Knecht:
... das Rezept geschrieben. Dann hat er gesagt: „Das tust du dir auf den Hals und bindest ein Tuch drum.“ Und das habe ich getan.

Bauer:
Ich verstehe das nicht. Was hast du dir auf den Hals getan?

Knecht:
Na, das Rezept habe ich mir auf den Hals getan. Aber jetzt, wo ich gesund bin, Bauer, brauche ich es ja auch nicht mehr. *(Er zieht das Rezept unter seinem Halstuch hervor.)*

Übelkeit

Mitwirkende:

Mutter
Jennifer

Schauplatz: In der Küche.

Jennifer:
(kommt in die Küche und hält sich den Bauch.) Oh!

Mutter:
Was ist denn, Jennifer?

Jennifer:
Ich weiß nicht, Mutti. Mir ist schlecht!

Mutter:
Dir ist schlecht? Hast du etwas Unrechtes gegessen?

Jennifer:
Die Zwetschge ist mir nicht bekommen.

Mutter:
Die Zwetschge ist dir nicht bekommen?

Jennifer:
Ja, die letzte Zwetschge muss schlecht gewesen sein.

Mutter:
Ich verstehe nicht, was du meinst.

Jennifer:
Es muss an der letzten Zwetschge liegen, die ich gegessen habe. Die war bestimmt schlecht. Aber ich verstehe das trotzdem nicht. Die anderen fünfundsiebzig Zwetschgen, die ich vorher gegessen habe, die sind mir prima bekommen.

Volljährigkeit

Mitwirkende: Vater, Sohn.
Schauplatz: In der Küche.

Vater:
Ich gratuliere dir zu deinem achtzehnten Geburtstag, mein Sohn!
Sohn:
Danke, Vater.

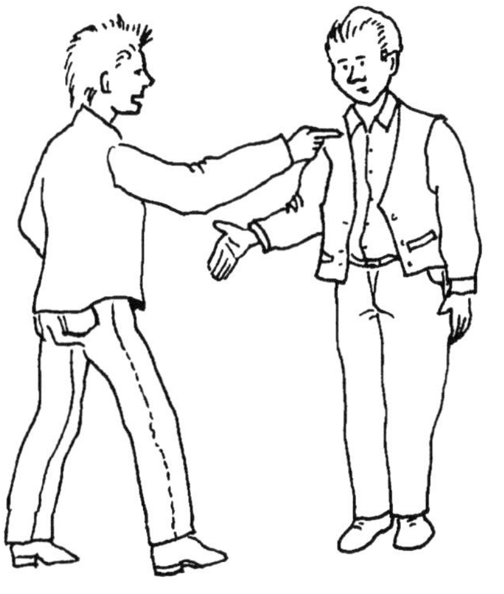

Vater:
Jetzt, wo du volljährig bist,
kannst du machen, was du willst.
Sohn:
Wirklich, Vater?
Vater:
Selbstverständlich! Jetzt bist du erwachsen
und kannst überall mitreden.
Sohn:
Naja, ich weiß nicht. Meinst du wirklich?
Vater:
Du musst dir auch etwas zutrauen!
Sohn:
Also gut! Fang ich gleich damit an. Pack deine Sachen und sieh zu, dass du eine Bleibe findest! Es geht doch wohl nicht, dass ein Mann mit 50 noch immer zu Hause wohnt!

Furchtlos

Mitwirkende: Vater, Olaf.
Schauplatz: In der Küche.

Olaf:
Vati, fürchtest du dich vor einem Löwen?
Vater:
Vor einem Löwen? Ach was!
Olaf:
Fürchtest du dich vor einem Tiger?
Vater:
Vor einem Tiger erst recht nicht.
Olaf:
Fürchtest du dich auch nicht vor einer Riesenschlange?
Vater:
Vor der auch nicht.
Olaf:
Mann, toll! Aber warum fürchtest du dich dann immer so vor Mami?

Persen® Bergedorfer®
Best.-Nr. 2196

Schildkrötensuppe

Mitwirkende:

Ober
Gast

Schauplatz: In einem Restaurant.

Gast:
Herr Ober, kommen Sie bitte einmal!

Ober:
Haben Sie einen Wunsch?

Gast:
Bitte probieren Sie die Schildkrötensuppe!

Ober:
Ist sie nicht in Ordnung?

Gast:
Probieren Sie bitte!

Ober:
Ich bringe Ihnen eine neue.

Gast:
Probieren Sie!

Ober:
Hier ist die Speisekarte. Suchen Sie sich doch etwas anderes aus!

Gast:
Sie sollen probieren!

Ober:
Also gut! *(Er setzt sich.)* Wo ist der Löffel?

Gast:
Eben!

Apfelkuchen

Mitwirkende:

Bedienung
Dame

Schauplatz: In der Konditorei.

Bedienung:
Einmal Apfelkuchen, bitte!

Dame:
Hierher, danke!

Bedienung:
Lassen Sie es sich gut schmecken!

Dame:
Dankeschön! *(Sie beginnt zu essen, doch nach einigen Augenblicken ruft sie.)*
Hallo, Bedienung!

Bedienung:
Ja, bitte?

Dame:
Sagen Sie, ich hatte doch Apfelkuchen bestellt!

Bedienung:
Ja. Und ich habe Ihnen auch Apfelkuchen gebracht.

Dame:
Aber da sind doch gar keine Äpfel drin.

Bedienung:
Wirklich nicht?

Dame:
Nein! Bestimmt nicht.

Bedienung:
Ach, machen Sie sich nichts daraus! Denken Sie an Hundekuchen!
Da sind auch keine Hunde drin.

Bd. 168. Heinz-Lothar Worm: Sketche für das 5.-8. Schuljahr

Persen® Bergedorfer® Best.-Nr. 2196

Verständigungsschwierigkeiten

Mitwirkende:

Ober
Gast

Schauplatz: In einem Speiselokal.

Ober:
Hier, mein Herr, Ihre Suppe!

Gast:
Vielen Dank. *(Er nimmt den Löffel.)*

Ober:
Guten Appetit, mein Herr!

Gast:
Herr Ober, in meiner Suppe schwimmt etwas.

Ober:
Wie bitte?

Gast:
(laut) In meiner Suppe schwimmt etwas.

Ober:
Wie bitte?

Gast:
(lauter) Herr Ober, ich glaube, in meiner Suppe schwimmt ein Hörgerät!

Ober:
(hält seine Hand ans Ohr.) Wie bitte? Sie müssen lauter sprechen.
Ich vermisse mein Hörgerät!